I0831009

Petit guide du bonheur

20 façons surprenantes de cultiver le bonheur comme une habitude

Evelyn G. Nemeth

Copyright © Evelyn G. Nemeth, 2020. Tous droits réservés.

ISBN : 9798575965404

Table des matières

« Quand j'étais petit, ma mère m'a dit que le bonheur était la clé de la vie. Quand je suis allé à l'école, ils m'ont demandé ce que je voulais être quand je serais grand. J'ai répondu « heureux ». Ils m'ont dit que je n'avais pas compris la question. J'ai répondu qu'ils n'avaient pas compris la vie. »

John Lennon

Introduction : Cultiver le bonheur comme une habitude

Aimeriez-vous faire du bonheur une habitude quotidienne au lieu de le laisser « surgir » (et encore pas tout le temps) au hasard ?

Pour beaucoup d'entre nous, le bonheur est le résultat des circonstances extérieures mais cela n'a pas forcément à en être ainsi. Les 17 méthodes énumérées ci-dessous remettront le pouvoir entre vos mains. Elles vous donneront les moyens de choisir le bonheur **quand** et **où** vous le souhaitez. Le plus beau, c'est qu'elles sont toutes validées par l'expertise de psychologues, de neuroscientifiques ou d'experts dans le domaine du développement du potentiel humain. Chaque méthode a été testée, éprouvée et prouvée pour produire les résultats que vous recherchez.

Alors, êtes-vous prêt à cultiver la joie dans votre vie quotidienne et à transformer le bonheur en une habitude ?

Voici donc 17 façons surprenantes de cultiver le bonheur comme une habitude pour vivre la vie que vous avez toujours voulu vivre : une vie heureuse et paisible.

1. Planifiez et visualisez

Avoir un plan clair consiste à savoir où et à quel moment agir et entreprendre certaines actions. Des études ont montré qu'une personne ayant planifié une action quelconque sera plus encline à agir effectivement quand le moment sera venu.

De plus, visualiser préventivement le résultat souhaité peut accélérer sa manifestation. Une étude menée en Ecosse sur un groupe de personnes âgées ayant dû subir des opérations de la hanche ou du genou a démontré que ceux qui se visualisaient en train de remarcher guérissaient deux fois plus vite que ceux qui ne se livraient pas à cette visualisation.

En créant pour vous-même un plan mental clair, vous envoyez des instructions spécifiques à votre cerveau et vous lui signifiez que vous avez la ferme intention de vous engager à agir en ce sens. Essayez de définir où et quand vous voulez passer à l'acte et votre subconscient vous soutiendra le moment venu, prévenant toute paresse ou découragement.

Si vous voulez développez des habitudes saines et positives, planifier donc un temps pour l'action et visualisez le résultat désiré. Vous atteindrez ainsi votre objectif en un temps record.

2. Accueillez la peur

La peur n'est pas votre ennemie. A partir du moment où vous continuez à avancer, même hors de votre zone de confort, c'est une émotion naturelle que vous pouvez même utiliser à votre avantage.

Peu avant mes 30 ans, j'ai vécu six mois dans un pays en guerre, escaladé des montagnes réputées dangereuses, exploré des grottes sous-marines, sauté en parachute, quitté un emploi très bien payé afin de partir skier sur la deuxième plus grande calotte glaciaire au monde (ce qui m'a coûté quasiment tout mon pécule d'alors) et créé deux sociétés. Et quel était le point commun de toutes ces expériences ? La peur.

Nelson Mandela disait à propos de la peur « J'ai appris que le courage n'est pas l'absence de peur, mais la capacité de la vaincre. L'homme courageux n'est pas celui qui ne ressent pas la peur, mais celui qui la conquière. »

Et pourquoi le courage est-il si important ?

Parce que, comme le disait C.S. Lewis, le courage n'est pas simplement une vertu, mais le test ultime de toute vertu.

Plus vous êtes capable d'accueillir la peur, plus vous « musclez » votre courage et pouvez grandir et croître à travers toutes les autres vertus.

Faites des choses dont vous avez peur. Poussez-vous vers l'avant jusqu'à en avoir l'estomac retourné et malgré cela. Chaque pas que vous faites hors de votre zone de confort vous révèlera en champs de possibilités infinies se tenant de l'autre côté de cette barrière que la peur érige autour de vous. Vous avez juste à faire le grand saut pour les expérimenter.

3. Acceptez votre négativité

Tous les êtres humains naissent avec ce que les psychologues appellent "le biais de la négativité". C'est une construction évolutive qui nous a maintenus en vie en tant qu'espèce. C'est pourquoi nous nous concentrons naturellement sur ce que nous n'avons pas dans la vie, et non sur ce que nous faisons. Accepter que nous avons un biais de négativité normalise les moments où nous sommes négatifs.

Le problème que la plupart d'entre nous rencontrons n'est pas seulement le fait d'être négatif, c'est le jugement que nous portons sur nous-mêmes lorsque nous le sommes. Beaucoup de gens se sentent coupables de ne pas être parfaits. Maintenant que vous savez que nous sommes conditionnés par l'évolution vers le négatif, vous pouvez lâcher cette culpabilité.

Cela ne veut pas dire que nous sommes coincés dans un espace négatif pour le reste de notre vie. De nombreuses méthodes mentionnées ci-dessous vous aideront à conditionner la négativité en vous, mais cette prise de conscience aide à accepter ces moments où notre esprit est négatif.

4. Appréciez toutes choses

Avant, je détestais aller dans une grande ville. Les quartiers bondés, les grands immeubles, les rues animées, tout cela me faisait peur. Probablement un effet secondaire de mon enfance. Mais j'ai trouvé le moyen d'aimer ça.

Chaque fois que je vais en ville, je m'entraîne à apprécier tout et tout le monde. Je me dis des choses positives comme " Il a dû falloir beaucoup de travail pour construire ces bâtiments" ou "j'apprécie vraiment tous les gens qui ont planifié, organisé et construit ces rues".

En appréciant tout partout, j'ai transformé des choses que je détestais en choses que j'aimais.

5. Ancrez-vous dans la joie

Ancrer une émotion vous permet de la vivre à volonté. Pour s'ancrer dans la joie, il faut se tourner vers le passé et se rappeler un souvenir positif. Ressentez vraiment l'émotion de bonheur et de joie que vous avez ressentie lors de cet événement. Pendant que vous êtes dans cet état, imaginez un cercle devant vous. De quelle couleur est le cercle ? Quelle est sa taille ? Visualisez tous les détails du cercle, puis entrez dans le cercle. Laissez ce cercle être votre cercle de joie.

Votre cerveau va commencer à former un chemin qui relie le cercle au plaisir, de sorte que chaque fois que vous le souhaitez, où que vous soyez, il vous suffit d'imaginer le cercle, d'y entrer et de créer de la joie.

6. Souriez

De nombreux chercheurs et psychologues ont prouvé que *l'acte* de sourire mène à *l'émotion* du bonheur. Le sourire n'est donc pas seulement un effet secondaire du bonheur, il en est aussi la **cause**. Il a même été démontré qu'il réduit le stress et la dépression. Alors, la prochaine fois que vous aurez le blues, souriez et forcez votre esprit à réagir positivement.

7. Respirez correctement

Prendre de longues et lentes respirations calme le système nerveux et crée un changement physiologique dans votre corps.

Si vous vous trouvez pris en otage par la peur, le stress ou l'anxiété, faites une pause, inspirez pendant quatre secondes, puis expirez pendant quatre secondes. Vous vous retrouverez immédiatement dans un lieu de paix, de confort et de bonheur.

8. Rêvez

L'esprit ne peut pas faire la distinction entre quelque chose qui est imaginé de façon vivante et quelque chose qui est réel.

Dans leur quête de maîtrise, les gymnastes russes ont constaté que le niveau optimal d'entraînement était de 25% de physique et 75% de mental. La plupart de leur temps de préparation aux

Jeux olympiques fut ainsi consacré à rêver d'images d'eux-mêmes exécutant leur routine à la perfection et remportant la médaille d'or.

Des grands sportifs aux grands leaders, en passant par les gourous du développement personnel, tous utilisent le pouvoir de l'imagination pour produire des résultats dans leur vie.

Si vous voulez être plus heureux, entrez dans votre esprit et rêvez de l'endroit qui vous apporte la joie. Plantez ce sentiment dans votre corps et agissez pour combler le fossé entre la réalité intérieure et la réalité extérieure.

9. Méditez

La méditation est la première stratégie pour atteindre le succès.

La science aussi valide son pouvoir :

Dans le cadre de leurs recherches, de nombreux neuroscientifiques ont scanné le cerveau de sikhs en train de chanter, de bouddhistes en train de méditer et de religieuses en train de prier. Ils ont découvert qu'ils présentaient une augmentation de l'activité dans les zones du cerveau associées à la concentration et à la conscience. Ce sont les parties du cerveau qui nous donnent le pouvoir de choisir notre destin au lieu d'être victimes des circonstances extérieures.

Chaque jour, pendant une dizaine de minutes seulement, fermez les yeux, supprimez toutes les distractions et asseyez-vous tranquillement. Inspirez et expirez lentement. Concentrez votre esprit sur votre respiration. Votre respiration agit comme une ancre sur laquelle votre esprit revient lorsqu'il s'égare. Et il le fera, surtout au début. Mais ce n'est pas grave. Avec le temps, vous serez capable de rester immobile, avec votre corps comme avec votre esprit.

En seulement quelques semaines de pratique quotidienne de cette méditation, certains chercheurs ont constaté que des personnes âgées présentaient des changements notables dans leur activité cérébrale et une amélioration de leur mémoire.

10. Cherchez un refuge en vous

Nous avons tous un besoin inné d'être en sécurité. Nous voulons être sûrs que le monde ne va pas s'effondrer autour de nous. Ce besoin est ancré en nous la première fois que nos parents nous prennent dans leurs bras.

Mais le monde n'est pas toujours un endroit sûr. La négativité ne fait qu'aggraver la situation, car elle nous fait créer des dangers même quand il n'en existe pas réellement.

Avez-vous déjà imaginé un scénario bien pire qu'il ne l'est en réalité ? C'est le parti pris de la négativité en action.

Pour créer un espace sûr dans lequel nous pourrons nous réfugier quel que soit l'état du monde qui nous entoure, il nous suffit de chercher ce refuge dans notre esprit.

Allez dans un endroit où vous vous sentez en sécurité. Dites à haute voix "Je trouve refuge dans..." Sentez le confort et la sécurité de ce refuge dans tout votre corps.

Selon le Dr Rick Hanson, un neuroscientifique, nous dit : "le fait de vous réfugier en vous-même vous éloigne des situations et des préoccupations réactives, et vous remplit ensuite d'influences positives. Tandis que vous vous détendez de plus en plus dans ce sentiment de sécurité, vos neurones vous tissent tranquillement un filet de sécurité".

11. Faites de l'exercice

De nombreuses personnes attribuent à l'exercice le premier facteur contribuant à leur productivité. Certains dirigent des empires immenses. Pousser son corps à ses limites et au-delà augmente la confiance et améliore la qualité de vie en général.

James Prochaska, chercheur à l'Université de Rhode Island, déclare : "L'exercice déborde du simple corps physique. Il y a quelque chose qui rend les autres bonnes habitudes plus faciles."

Au minimum trois fois par semaine, faites des exercices qui vous sollicitent physiquement et vous connaîtrez une plus grande joie dans tous les domaines de votre vie.

12. Trouvez des gens heureux

Jim Rohn a dit un jour : "Vous êtes la moyenne des cinq personnes avec lesquelles vous passez le plus de temps".

Si vous voulez être plus heureux, commencez à passer plus de temps avec des gens heureux. Les émotions sont contagieuses. Certains médecins ont montré que les réseaux de notre cerveau associés à certaines actions s'activent lorsque nous voyons d'autres personnes s'engager dans ces actions, même si nous sommes assis sans bouger. De même, nos neurones sont activés en réponse aux émotions des autres. Les psychologues appellent "neurones miroirs" les neurones qui créent ce phénomène.

Cela signifie que plus vous passez de temps avec des personnes qui incarnent la vie que vous voulez mener, plus il vous sera facile de créer cette vie. Votre corps et votre esprit commenceront naturellement à refléter les personnes avec lesquelles vous passez le plus de temps.

13. Effacez le vocabulaire négatif

Tony Robbins déclare : "Simplement en changeant votre vocabulaire habituel - les mots que vous utilisez constamment pour décrire les émotions de votre vie - vous pouvez instantanément changer votre façon de penser, de ressentir et de vivre".

Remplacez des mots comme "dépression" de votre vocabulaire par des mots comme "joie" et vous ferez du bonheur une habitude régulière.

14. Etiquetez vos émotions

Dans ses recherches, le Dr Lieberman, neuroscientifique, a découvert que le fait d'attribuer une étiquette à une émotion réduit son impact. Il diminue l'activité dans les parties émotionnelles du cerveau et augmente l'activité dans les parties du cerveau associées à la concentration et à la conscience.

La prochaine fois que vous vous retrouverez dans un état d'impuissance, attribuez une étiquette à l'émotion pour vous séparer de l'expérience. Cela vous permettra d'être proactif par rapport aux émotions que vous choisissez plutôt que d'être sous l'effet de circonstances extérieures et de les laisser vous dicter vos émotions.

15. Donnez de nouvelles significations à vos expériences

Chaque expérience de la vie n'a pas de sens intrinsèque. Nous donnons un sens à nos expériences et ce sens façonne notre qualité de vie.

Le psychiatre Victor Frankl a trouvé un sens à la vie, même lorsqu'il était emprisonné dans un camp. Dans son best-seller, « Man's Search for Meaning », il écrit : "Tout peut être pris à un homme, sauf une chose : la dernière des libertés humaines - celle de choisir son attitude dans n'importe quelle circonstance, de choisir sa propre voie.

Nous avons toujours la possibilité de choisir le sens que nous associons à une expérience et l'impact qu'elle a sur nous.

Si vous vivez une expérience qui vous met dans un état d'impuissance, suivez l'étape précédente en étiquetant l'émotion que vous ressentez et demandez-vous ensuite ce que vous pouvez lui donner de plus. Si vous avez du mal à trouver une nouvelle signification, passez quelques minutes dans votre cercle de joie ou voyagez dans le futur vers votre style de vie idéal. De là, demandez-vous ensuite ce que vous pouvez faire d'autre pour donner un sens à tout cela.

Vous vous surprendrez vous-même par ce que vous trouverez.

16. Voyagez dans le temps

Les chercheurs ont découvert que chaque fois que l'on se souvient de quelque chose, cela change. Vous vous rappelez essentiellement de la dernière fois que vous avez eu ce souvenir, et non le souvenir lui-même. Ainsi, ce que vous vivez dans le moment présent modifie la structure de la mémoire.

Dans ses travaux, la psychologue cognitive Elizabeth Loftus a démontré que les souvenirs sont facilement déformés et qu'il est étonnamment simple d'implanter même de faux souvenirs.

Si cela est pratiqué de manière répétée, vous avez le pouvoir de voyager dans le temps et de modifier les souvenirs malheureux en créant de nouvelles voies neurologiques dans votre cerveau.

Mettez-vous dans un état de bonheur en utilisant certaines des autres méthodes mentionnées dans ce livre. Ensuite, rappelez-vous d'une scène de votre vie mais changez son contenu. Imaginez qu'il s'est passé autre chose, autre chose que ce qui s'est réellement passé. Continuez à faire cela tout en restant ancré dans un état très positif et, avec le temps, vous changerez littéralement un souvenir malheureux en un souvenir heureux.

17. Remettez-vous en question

Dans le livre à succès « Flow : The Psychology of Optimal Experience » traduit en français sous le titre « Vivre : la psychologie du bonheur », après des décennies de recherche, Mihaly Csikszentmihalyi a découvert que ce qui produit finalement le plus de joie chez les gens est l'état de « Flow ». Grosso modo, le flow se caractérise par l'absorption totale d'une personne dans son occupation.

De cet état, dit-il, "les meilleurs moments se produisent généralement lorsque le corps ou l'esprit d'une personne sont poussés à leurs limites dans un effort volontaire pour accomplir quelque chose de difficile et de valable".

Si vous regardez votre vie d'aujourd'hui, quels sont les moments que vous chérissez le plus ? En général, cette réponse se range dans l'une des deux catégories suivantes : une relation ou un accomplissement.

Je suis très fier du temps que j'ai passé dans l'armée, des montagnes que j'ai gravies, des entreprises que j'ai créées et du mois que j'ai passé à traîner un traîneau de 80 kg sur 500 km à travers la deuxième plus grande calotte glaciaire du monde. Toutes ces expériences m'ont amené à pousser mon esprit et mon corps à leurs limites.

Plus vous vous mettez au défi et faites ce que vous pensiez impossible, plus vous éprouverez de joie, de liberté et d'accomplissement dans votre vie.

18. Exprimez votre gratitude

Apprendre à être plus reconnaissant est très important pour le bonheur personnel. Les recherches montrent que la gratitude vous aide à éprouver des émotions plus positives, à diminuer la dépression, à vous sentir mieux dans votre peau, à améliorer vos relations et à renforcer votre système immunitaire. Une étude récente a même révélé que la gratitude vous aide à mieux dépenser votre argent.

Il existe un certain nombre d'exercices simples que vous pouvez pratiquer pour augmenter et cultiver une attitude de gratitude.

Remerciez sincèrement les autres. Lorsque quelqu'un se surpasse ou fait quelque chose pour vous faciliter la vie, n'hésitez pas à exprimer vos remerciements et votre appréciation. Non seulement la personne se sentira bien, mais vous serez également heureux. C'est une récompense instantanée. Cela vous fait prendre conscience que nous sommes tous liés et que ce que vous faites compte.

Tenez un journal de la gratitude. Cela peut sembler un peu ringard, mais écrire les bonnes choses qui vous sont arrivées pendant la journée, ça marche vraiment. Des études montrent que la tenue d'un journal de gratitude est une technique puissante qui vous fait vous sentir instantanément plus heureux, plus connecté aux autres et véritablement reconnaissant.

Comptez vos bénédictions. Prenez l'habitude de réfléchir régulièrement aux choses pour lesquelles vous devez être reconnaissant. Rappelez-vous toutes les bonnes personnes, les expériences et les belles choses de votre vie, maintenant et dans le passé. Concentrez-vous sur les bénédictions, grandes et petites : des personnes qui vous aiment, un toit au-dessus de votre tête, la nourriture sur votre table... Vous verrez bientôt que la liste est longue !

Écrivez une lettre de gratitude. Pensez à quelqu'un qui a fait quelque chose qui a changé votre vie pour le mieux et que vous n'avez jamais remercié comme il se doit. Rédigez une lettre de remerciement exprimant ce que la personne a fait, comment cela vous a affecté et ce que cela signifie encore pour vous. Ensuite, remettez-lui la lettre. L'expert en psychologie positive Martin

Seligman recommande même de lire la lettre face à la personne si vous vous en sentez capable.

Trouvez le positif dans un événement négatif de votre passé. Même les circonstances les plus douloureuses peuvent nous apprendre des leçons positives. Réévaluez un événement négatif de votre passé en tenant compte de ce que vous avez appris ou de la façon dont vous êtes devenu plus fort, plus sage ou plus compatissant. Lorsque vous pouvez trouver un sens même aux mauvaises choses que vous avez vécues, vous devenez plus heureux et plus reconnaissant.

19. Appréciez et entretenez vos relations

Les relations sont l'une des plus grandes sources de bonheur dans notre vie. Les études qui s'intéressent aux personnes heureuses le confirment. Plus une personne est heureuse, plus elle a de chances d'avoir un grand cercle de soutien familial et d'amis, un mariage épanouissant et une vie sociale prospère.

C'est pourquoi l'entretien de vos relations est l'un des meilleurs investissements émotionnels que vous puissiez faire. Si vous faites un effort pour cultiver et construire vos liens avec les autres, vous en récolterez bientôt les fruits sous forme d'émotions plus positives. Et à mesure que vous serez plus heureux, vous attirerez davantage de personnes et des relations de meilleure qualité, ce qui vous apportera encore plus de positivité et de plaisir. C'est le cadeau du bonheur qui continue à donner.

Faites un effort conscient pour rester en contact. Dans notre société trépidante, il est facile de se laisser prendre par ses responsabilités et de négliger ses relations. Mais perdre le contact avec ses amis est l'un des regrets les plus courants quand on approche de la mort. Ne laissez pas cela vous arriver. Faites un effort pour rester en contact avec les personnes qui vous rendent la vie plus agréable. Prenez le temps de vous appeler, de vous écrire ou de vous voir en personne. Vous en serez plus heureux.

Passez des moments de qualité avec les personnes qui vous sont chères. Ce n'est pas seulement le temps passé avec vos amis et votre famille qui compte, c'est aussi la façon dont vous le passez. Le fait de passer du temps ensemble devant la télévision ne vous rapprochera pas. Les personnes qui ont des relations heureuses parlent beaucoup. Ils partagent ce qui se passe dans leur vie et ce qu'ils ressentent. Suivez leur exemple et prenez le temps de discuter et d'apprécier la compagnie de l'autre.

Faites des compliments sincères. Pensez aux choses que vous admirez et appréciez chez l'autre personne, puis dites-le lui. Non seulement cela rendra l'autre personne plus heureuse, mais cela l'encouragera à devenir un ami ou un partenaire encore meilleur. En tant que pratique de gratitude, vous valoriserez davantage la relation et vous vous sentirez plus heureux.

Recherchez des personnes heureuses. Les recherches montrent que le bonheur est contagieux. Vous pouvez littéralement « attraper » une bonne humeur (vous pouvez aussi attraper une mauvaise humeur, mais heureusement, la tristesse est moins contagieuse que le bonheur). Alors, faites un effort pour rechercher des personnes heureuses et passer du temps avec elles. Avant même de vous en rendre compte, vous ressentirez aussi le bonheur.

Réjouissez-vous de la bonne fortune des autres. L'une des choses qui séparent vraiment les relations saines et épanouissantes du reste, c'est la façon dont les partenaires réagissent à la chance et à la réussite de l'autre. Faites-vous preuve d'un enthousiasme et d'un intérêt réels lorsque votre ami ou un membre de votre famille fait l'expérience de quelque chose de positif ? Ou bien ignorez-vous, critiquez-vous ou minimisez-vous la réussite, vous sentez-vous envieux ou menacé, ou bien dites-vous rapidement "C'est génial" avant de passer à autre chose ? Si vous souhaitez des relations plus étroites avec vos proches, soyez attentif lorsque l'autre personne est heureuse. Posez des questions, revivez l'expérience avec l'autre personne et exprimez votre exaltation pour elle. N'oubliez pas que le bonheur est contagieux, donc à mesure que vous partagerez l'expérience, sa joie deviendra la vôtre.

20. Aidez les autres et donnez du sens à votre vie

Il y a quelque chose de vraiment satisfaisant à aider les autres et à avoir le sentiment que vos actions font une différence pour le meilleur dans le monde. C'est pourquoi les personnes qui aident ceux qui sont dans le besoin et donnent aux autres et à leur communauté ont tendance à être plus heureuses. Ils ont aussi tendance à avoir une meilleure estime d'eux-mêmes et un meilleur bien-être psychologique général.

Voici quelques moyens de vivre une vie plus altruiste et plus significative :

Le bénévolat. Le bonheur n'est qu'un des nombreux avantages du bénévolat. Vous tirerez le meilleur parti de l'expérience en faisant du bénévolat pour une organisation en laquelle vous croyez et qui vous permet de contribuer de manière significative.

Pratiquez la gentillesse. Cherchez des moyens d'être plus gentil, compatissant et généreux dans votre vie quotidienne. Il peut s'agir de quelque chose d'aussi simple que d'égayer la journée d'un étranger avec un sourire ou de faire un geste pour un ami.

Jouez sur vos points forts. Les personnes les plus heureuses savent quelles sont leurs forces et construisent leur vie autour d'activités qui leur permettent d'utiliser ces forces pour le plus grand bien. Il existe de nombreux types de points forts, notamment la gentillesse, la curiosité, l'honnêteté, la créativité, l'amour de l'apprentissage, la persévérance, la loyauté, l'optimisme et l'humour.

Conclusion

Vous avez maintenant entre les mains de nombreuses pistes pour être plus heureux, améliorer votre quotidien et celui des autres. Servez-vous en.

Vous en connaissiez probablement certains mais considérez ce petit guide comme un « pense bête ». Gardez-le toujours sous la main pour vous y replongez de temps en temps.

Votre vie est ce que vous en faites et personne ne peut le faire à votre place !

Alors à vous de jouer. Je vous souhaite plein de bonheur !

Du même auteur :

24

Être heureux: Comment vous épanouir et retrouver le bonheur et
la joie de vivre au quotidien

Être heureux: Comment vous épanouir et retrouver le bonheur et
la joie de vivre au quotidien

www.ingramcontent.com/pod-product-compliance
Lightning Source LLC
Chambersburg PA
CBHW061331250726
48657CB00003B/1111